Tu cuerpo maravilloso

Nariz

por Imogen Kingsley

Bullfrog Books

Ideas para padres y maestros

Bullfrog Books permite a los niños practicar la lectura de texto informacional desde el nivel principiante. Repeticiones, palabras conocidas y descripciones en las imágenes ayudan a los lectores principiantes.

Antes de leer

- Hablen acerca de las fotografías. ¿Qué representan para ellos?

- Consulten juntos el glosario de fotografías. Lean las palabras y hablen de ellas.

Durante la lectura

- Hojeen el libro y observen las fotografías. Deje que el niño haga preguntas. Muestre las descripciones en las imágenes.

- Lea el libro al niño, o deje que él o ella lo lea independientemente.

Después de leer

- Anime a que el niño piense más. Pregúntele: ¿Qué tipo de olores te gusta oler? ¿Cuáles son los que menos te gustan?

Bullfrog Books are published by Jump!
5357 Penn Avenue South
Minneapolis, MN 55419
www.jumplibrary.com

Library of Congress Cataloging-in-Publication Data

Names: Kingsley, Imogen, author.
Title: Nariz / por Imogen Kingsley.
Other titles: Nose. Spanish
Description: Minneapolis, MN: Jump!, Inc., [2018]
Series: Tu cuerpo maravilloso
"Bullfrog Books are published by Jump!"
Audience: Ages 5–8. | Audience: K to grade 3.
Includes index.
Identifiers: LCCN 2017002894 (print)
LCCN 2017004779 (ebook)
ISBN 9781620318164 (hardcover: alk. paper)
ISBN 9781624966385 (ebook)
Subjects: LCSH: Nose—Juvenile literature.
Smell—Juvenile literature.
Anatomy—Juvenile literature.
Senses and sensation—Juvenile literature.
Classification: LCC QM505 .K53418 2018 (print)
LCC QM505 (ebook) | DDC 612.8/6—dc23
LC record available at https://lccn.loc.gov/2017002894

Editor: Jenny Fretland VanVoorst
Book Designer: Molly Ballanger
Photo Researcher: Molly Ballanger
Translator: RAM Translations

Photo Credits: Dreamstime: Petr Zamecnik, 8–9. Shutterstock: Oksana Kuzmina, 1; Kdshutterman, 3; eurobanks, 4, 5; risteki goce, 4, 5; karamysh, 6–7; Only background, 6–7; Vinicius Tupinamba, 6–7; Delpixel, 10; Happy Together, 11; Yulyazolotko, 12–13; Studio1One, 14–15; ben bryant, 16–17; Thaweewong Vichaiuroroi, 16–17; K13 ART, 18; Neamov, 18; Nolte Laurens, 18, 19; motorolka, 19; wong sze yuen, 20–21; Alila Medical Media, 22; 3Dalia, 23tr; Alex Mit, 23tl; Vinitchavat, 23bl; pathdoc, 24.

Printed in the United States of America at Corporate Graphics in North Mankato, Minnesota.

Tabla de contenido

¡Huélelo!

Meg olfatea.

¿Qué es lo que huele?

Pizza.

¡Qué rica!

humo

6

Jed huele humo.

¡Oh, no!

Hay un incendio.

Él llama al 911.

Jo corre colina arriba.

¡Fiu!

Ella inhala y exhala.

Hay polvo.

Ben estornuda. ¡Achís!
Su nariz se deshace
del polvo.

¡Tu nariz es asombrosa!
¿Cómo funciona?

fosas
nasales

Tienes dos fosas nasales.

Dejan entrar el aire.

Dejan salir el aire.

Tu nariz tiene mucosa.

Tiene pelos.

Atrapan el polvo.

Capturan los gérmenes.

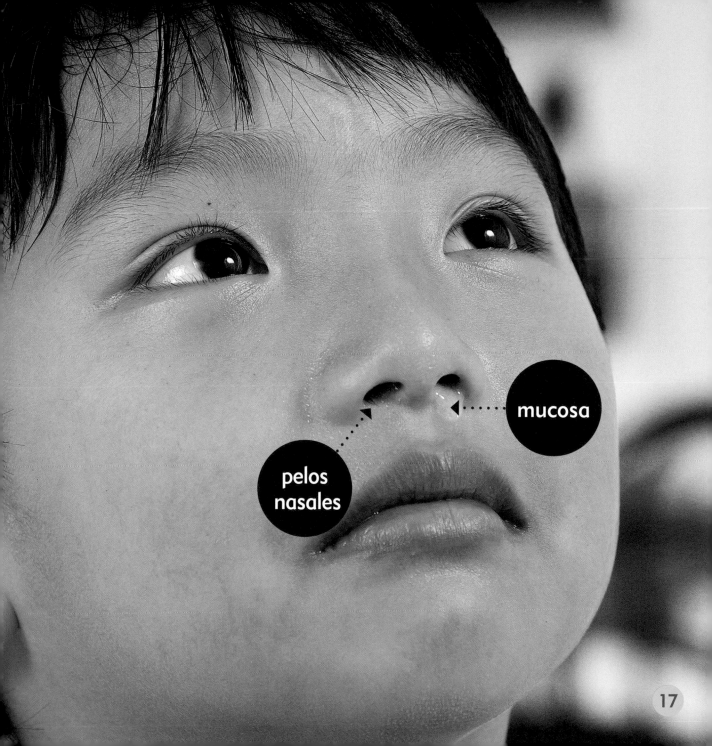

mucosa

pelos
nasales

Tu nariz tiene colectores de aromas.

Ellos mandan un mensaje a tu cerebro.

Tu cerebro te dice qué olor es.

Cierra tus ojos.

Olfatea.

¿Qué es lo que hueles?

Partes de la nariz

bulbo olfatorio y epitelio olfatorio
Estos los mandan al bulbo el cual los manda al cerebro.

membrana mucosa
El tejido delgado dentro de la nariz que produce mucosa.

pasajes nasales
Las áreas detrás de la nariz por donde el aire viaja.

fosas nasales
Los dos hoyos en la parte exterior de tu nariz que toman el aire y dejan salir el aire.

septo
La parte entre tus fosas nasales; está hecho de cartílago.

Glosario con fotografías

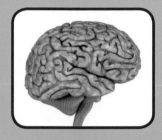

cerebro
El "centro de mensajes" de tu cuerpo.

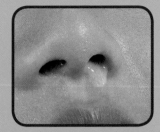

mucosa
Líquido espeso producido por el cuerpo. Si se combina con suciedad y gérmenes produce mocos.

germen
Una cosa viviente muy pequeña que puede enfermarte.

polvo
Partículas muy finas que se acumulan en la superficie de cosas, como en los muebles.

Índice

Para aprender más

Aprender más es tan fácil como 1, 2, 3.

1) Visite www.factsurfer.com

2) Escriba "nariz" en la caja de búsqueda.

3) Haga clic en el botón "Surf" para obtener una lista de sitios web.

Con factsurfer.com, más información está a solo un clic de distancia.